Impressum
Verlag: BABADADA GmbH, Nedderfeld 112 , 22529 Hamburg
Geschäftsführer / Verlagsleitung: Harald Hof
Druck: Books on Demand GmbH, In de Tarpen 42, 22848 Norderstedt

Imprint
Publisher: BABADADA GmbH, Nedderfeld 112 , 22529 Hamburg, Germany
Managing Director / Publishing direction: Harald Hof
Print: Books on Demand GmbH, In de Tarpen 42, 22848 Norderstedt, Germany

escola

School

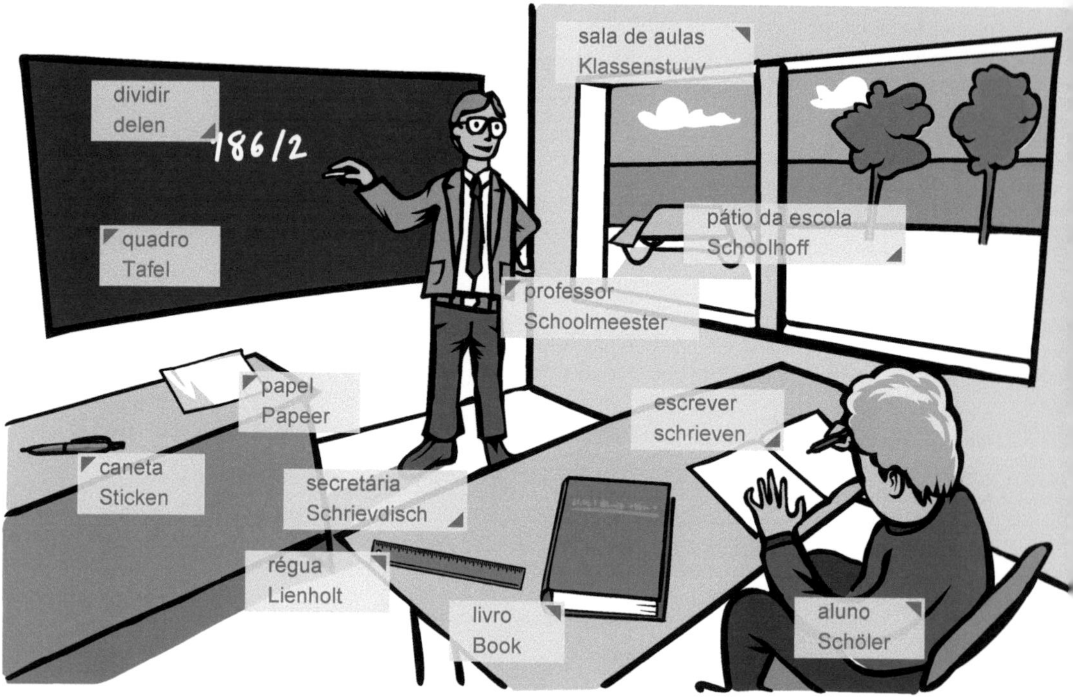

sala de aulas
Klassenstuuv
dividir
delen
186/2
quadro
Tafel
pátio da escola
Schoolhoff
professor
Schoolmeester
papel
Papeer
escrever
schrieven
caneta
Sticken
secretária
Schrievdisch
régua
Lienholt
livro
Book
aluno
Schöler

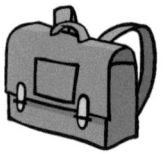

mochila

Ranzel

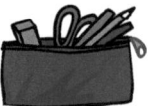

estojo de lápis

Feddermapp

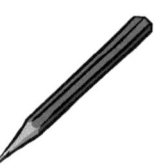

lápis

Bleesticken

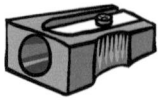

afia-lápis

Scharpmaker

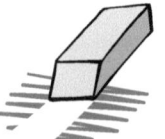

borracha

Radeergummi

bloco de desenho

Tekenblock

desenho

Teken

pincel

Pinsel

caixa de tintas

Malkassen

tesoura

Scheer

cola

Klever

livro de exercícios

Heft to'n Öven

trabalhos de casa

Huusopgaav

número

Tall

somar

tohooptellen

subtrair

aftrecken

multiplicar

malnehmen

calcular

reken

letra

Bookstaav

alfabeto

ABC

palavra

Woort

texto
....
Text

ler
....
lesen

giz
....
Kried

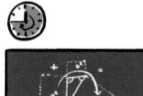

hora
....
Stunn

registo de presenças
....
Klassenbook

exame
....
Pröven

certificado
....
Tüügnis

uniforme escolar
....
Schooluniform

educação
....
Utbillen

enciclopédia
....
Nakieksel

universidade
....
Universität

microscópio
....
Mikroskop

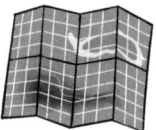

mapa
....
Koort

cesto de lixo
....
Papeerkorf

viagem
Törn

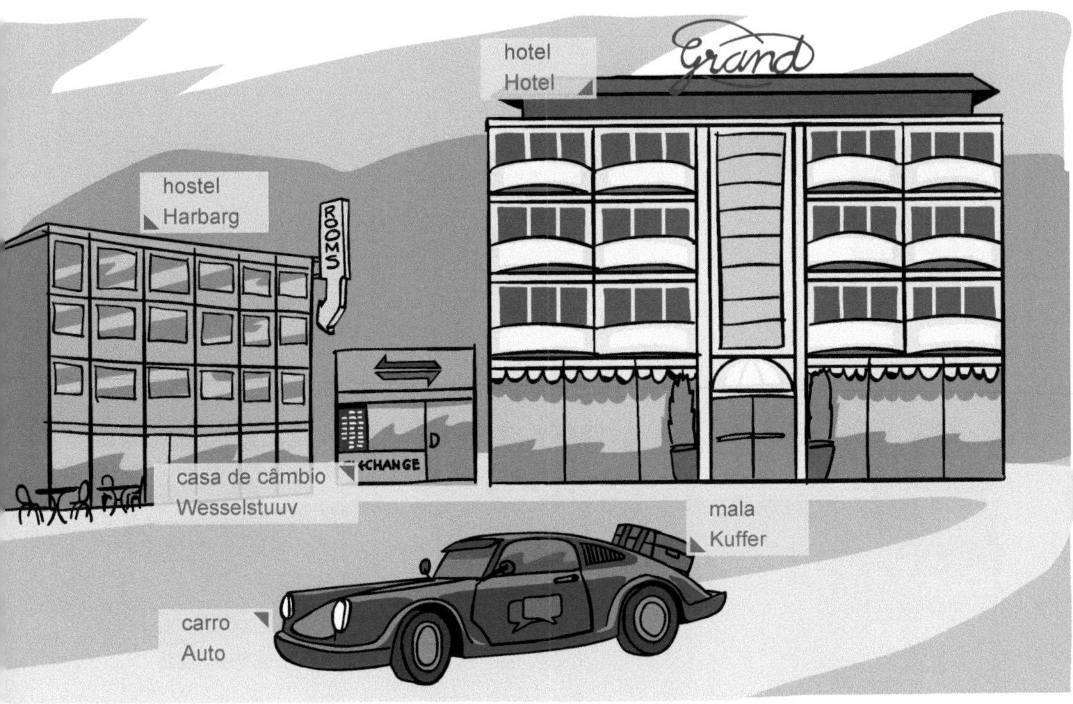
hotel
Hotel
Grand
hostel
Harbarg
ROOMS
CHANGE
casa de câmbio
Wesselstuuv
mala
Kuffer
carro
Auto

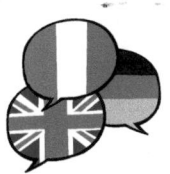

idioma

Spraak

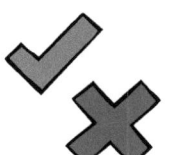

sim / não

jo / ne

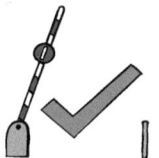

ok / certo / correto

Jo

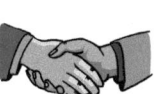

olá

Moin

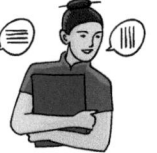

intérprete

Översetter

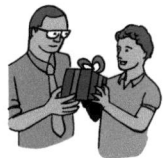

obrigado

Dank ok

quanto é que custa... ?

Wat kost...?

não entendo

Ik verstah nich

problema

Problem

boa noite!

Goden Avend

Bom dia!

Moin!

Boa noite!

Gode Nacht!

adeus

Tschüüs

direção

Richt

bagagem

Bagaasch

saco

Tasch

mochila

Rüchsack

convidado

Gast

quarto

Stuuv

saco-cama

Slaapsack

tenda

Telt

informação turística

Touristeninformatschoon

praia

Strand

cartão de crédito

Kreditkoort

pequeno-almoço

Fröhstück

almoço

Meddageten

jantar

Avendeten

bilhete

Fohrkort

elevador

Fohrstohl

selo postal

Breefmark

fronteira

Grenz

alfândega

Toll

embaixada

Bottschop

visto

Visum

passaporte

Pass

transporte
Transport

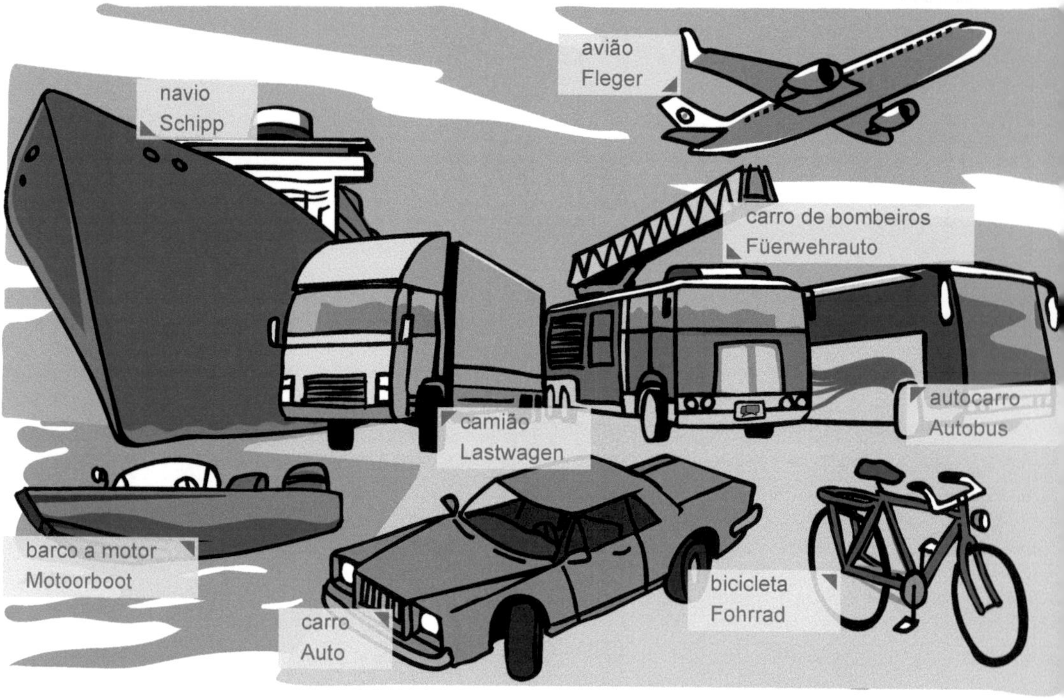

avião
Fleger
navio
Schipp
carro de bombeiros
Füerwehrauto
autocarro
Autobus
camião
Lastwagen
barco a motor
Motoorboot
bicicleta
Fohrrad
carro
Auto

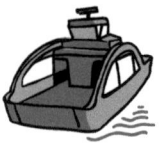

cacilheiro

Fähr

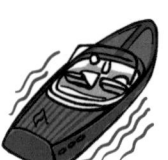

barco

Boot

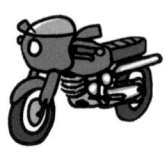

mota

Motoorrad

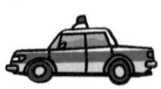

carro de polícia

Polizeiauto

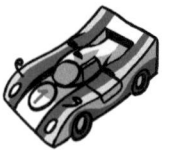

carro de corrida

Rönnauto

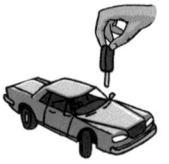

carro alugado

Lehnwagen

carsharing

Carsharing

camião de reboque

Afsleepwagen

camião do lixo

Müllauto

motor

Motoor

combustível

Kraftstoff

estação de serviço

Tanksteed

sinal de trânsito

Verkehrsschild

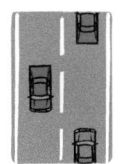

trânsito

Verkehr

congestionamento de trânsito

Stau

parque de estacionamento

Afstellplatz

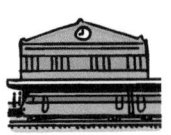

estação ferroviária

Bahnhoff

carris

Sporen

comboio

Tog

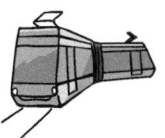

elétrico

Stratenbahn

carruagem

Wagon

helicóptero
Dwarsmöhl

aeroporto
Flooghaven

torre
Tower

passageiro
Fohrgast

contentor
Grootkist

caixa de papelão
Karton

carrinho
Koor

cesto
Korf

levantar voo / aterrar
starten / lannen

cidade
Stadt

aldeia
Dörp

centro da cidade
Binnenstadt

casa
Huus

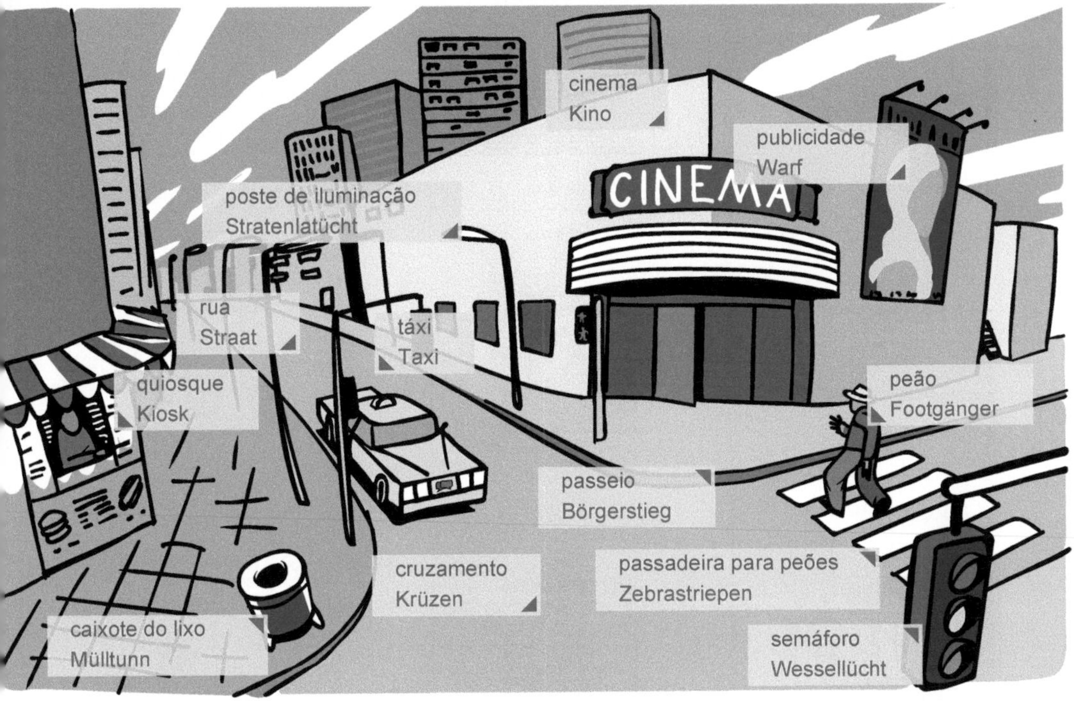
cinema
Kino
publicidade
Warf
CINEMA
poste de iluminação
Stratenlatücht
rua
Straat
táxi
Taxi
quiosque
Kiosk
peão
Footgänger
passeio
Börgerstieg
cruzamento
Krüzen
passadeira para peões
Zebrastriepen
caixote do lixo
Mülltunn
semáforo
Wessellücht

cabana

Hütt

apartamento

Wahnung

estação ferroviária

Bahnhoff

câmara municipal

Raathuus

MUSEUM

museu

Museum

escola

School

universidade

Universität

banco

Bank

hospital

Krankenhuus

hotel

Hotel

farmácia

Afteek

escritório

Büro

livraria

Bookhökerie

loja

Hökerie

florista

Blomenhökerie

supermercado

Supermarkt

mercado

Markt

loja de departamentos

Koophuus

peixaria

Fischhökerie

centro comercial

Inkoopszentrum

porto

Haven

parque

Parkanlaag

banco

Bank

ponte

Brüch

escadas

Trepp

metro

Ünnergrundbahn

túnel

Tunnel

paragem de autocarro

Busstoppsteed

bar

Bar

restaurante

Spieslokal

caixa de correio

Breefkassen

sinal de trânsito

Stratenschild

parquímetro

Parkklock

jardim zoológico

Deertenpark

piscina

Baadanstalt

mesquita

Moschee

quinta
Buernhoff

poluição
Ümweltversmudden

cemitério
Karkhoff

igreja
Kark

parque infantil
Speelplatz

templo
Tempel

paisagem
Landschop

folha
Blatt

placa de sinalização
Wiespahl

caminho
Weg

prado
Wisch

pedra
Steen

árvore
Boom

caminhantes
Wannerer

rio
Fluss

relva
Gras

flor
Bloom

vale
Daal

montanha
Barg

lago
See

floresta
Holt

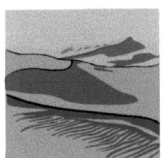

deserto
Wööst

vulcão
Füerspien Barg

castelo
Slott

arco-íris
Regenbagen

cogumelo
Poggenstohl

palma
Palm

mosquito
Steekmück

mosca
Fleeg

formiga
Miegeemk

abelha
Imm

aranha
Spinn

besouro

Sebber

sapo

Pogg

esquilo

Katteker

ouriço

Swienegel

lebre

Haas

coruja

Uul

pássaro

Vagel

cisne

Swaan

javali

Wildswien

veado

Hirsch

alce

Elk

barragem

Staudamm

turbina eólica

Windrad

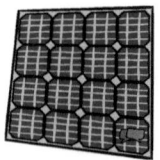

painel solar

Solarmodul

clima

Klima

restaurante
Spieslokal

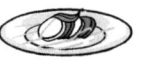

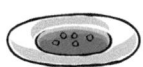

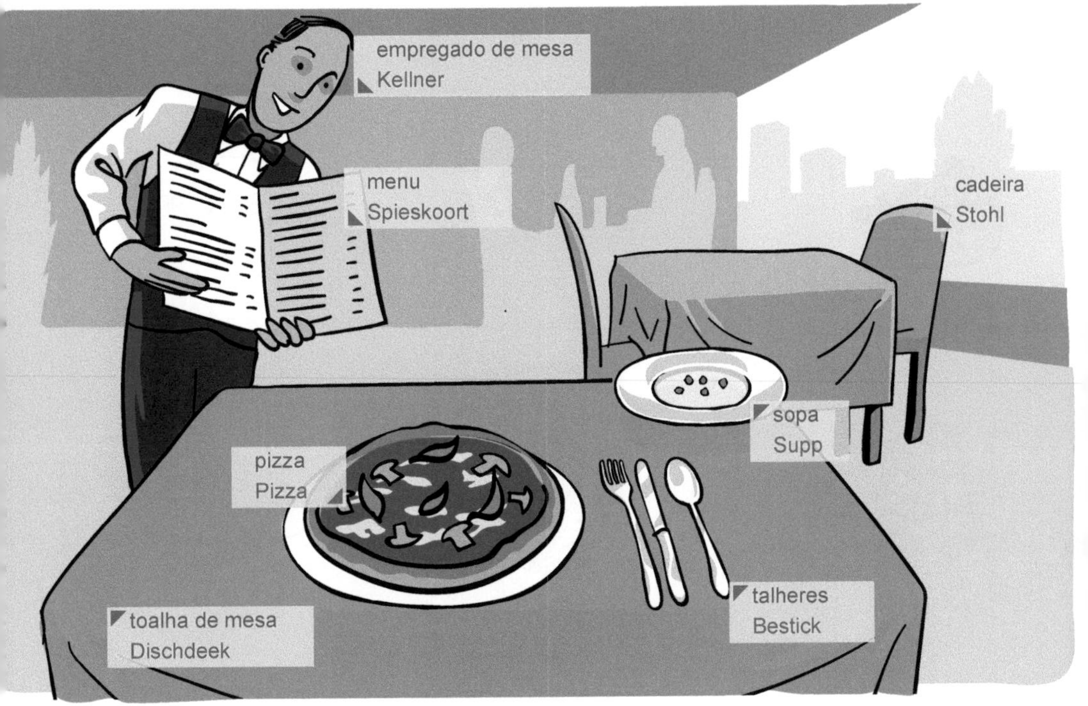

empregado de mesa
Kellner
menu
Spieskoort
cadeira
Stohl
sopa
Supp
pizza
Pizza
talheres
Bestick
toalha de mesa
Dischdeek

entrada
Vörspies

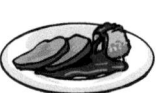

prato principal
Haupteten

sobremesa
Nadisch

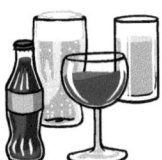

bebidas
Drünk

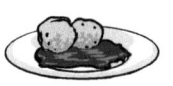

comida
Eten

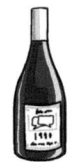

garrafa
Buddel

fast food

Fastfood

comida de rua

Strateneten

bule de chá

Teekann

açucareiro

Zuckerdoos

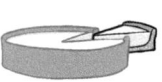

porção

Portschoon

máquina de café expresso

Espressomaschien

cadeira alta

Hoochstohl

conta

Reken

bandeja

Tablett

faca

Mess

garfo

Gavel

colher

Lepel

colher de chá

Teelepel

guardanapo

Munddook

copo

Glas

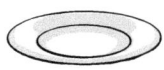

prato

Töller

prato de sopa

Suppentöller

pires

Ünnertass

molho

Sooß

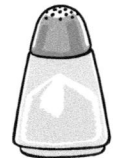

saleiro

Soltstreuer

moinho de pimenta

Pepermöhl

vinagre

Etig

óleo

Ööl

especiarias

Krüder

ketchup

Ketchup

mostarda

Mostrich

maionese

Mayonnaise

supermercado
Supermarkt

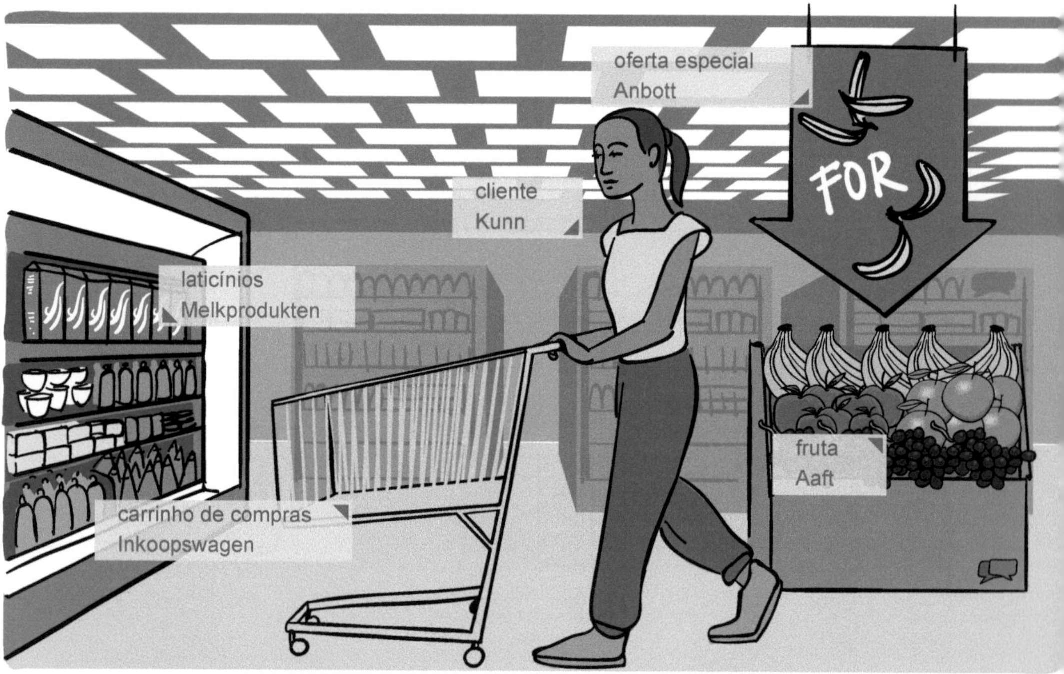
oferta especial
Anbott
FOR
cliente
Kunn
laticínios
Melkprodukten
fruta
Aaft
carrinho de compras
Inkoopswagen

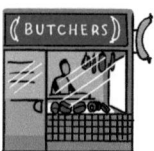

BUTCHERS

talho

Slachterie

BAKERY

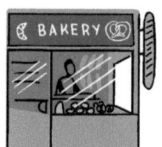

padaria

Bäckerie

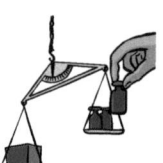

pesar

wegen

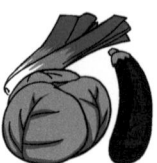

vegetais

Gröönsaken

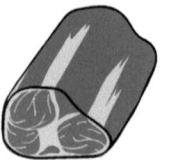

carne

Fleesch

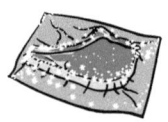

alimentos congelados

Deepköhlkost

charcutaria

Opsnitt

comida enlatada

Konserven

detergente em pó

Waschmiddel

doces

Snoopkraam

artigos domésticos

Huushooltssaken

produtos de limpeza

Reinmaaktüüch

vendedora

Verköpersche

caixa

Kass

caixa

Kasserer

lista de compras

Inkoopslist

horário de funcionamento

Opsparrtieden

carteira

Breeftasch

cartão de crédito

Kreditkoort

saco

Tasch

saco de plástico

Plastiktüüt

água

Water

sumo

Saft

leite

Melk

coca-cola

Cola

vinho

Wien

cerveja

Beer

álcool

Spriet

cacau

Kakao

chá

Tee

café

Koffie

café expresso

Espresso

capuccino

Cappucino

banana

Banaan

maçã

Appel

laranja

Appelsien

melão

Meloon

limão

Zitroon

cenoura

Wöttel

alho

Knuuvlook

bambu

Bambus

cebola

Zibbel

cogumelo

Poggenstohl

nozes

Nööt

talharim

Nudeln

esparguete

Spaghetti

arroz

Ries

salada

Salat

batatas fritas

Pommes frites

batatas fritas

Braadkantüffeln

pizza

Pizza

hambúrguer

Hamborger

sanduíche

Sandwich

bife panado

Snitzel

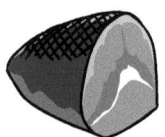

fiambre

Schinken

salame

Salami

salsicha

Wust

galinha

Hohn

assado

Braden

peixe

Fisch

flocos de aveia

Haverflocken

muesli

Müsli

flocos de milho

Cornflakes

farinha

Mehl

croissant

Croissant

carcaça (pãozinho)

Rundstück

pão

Broot

torrada

Toast

biscoitos

Keksen

manteiga

Botter

requeijão

Quark

bolo

Koken

ovo

Ei

ovo estrelado

Spegelei

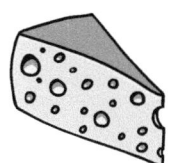

queijo

Kees

comida - Eten

gelado

les

açúcar

Zucker

mel

Honnig

compota

Marmelaad

creme de nougat

Nougat-Creme

caril

Curry

quinta
Buernhoff

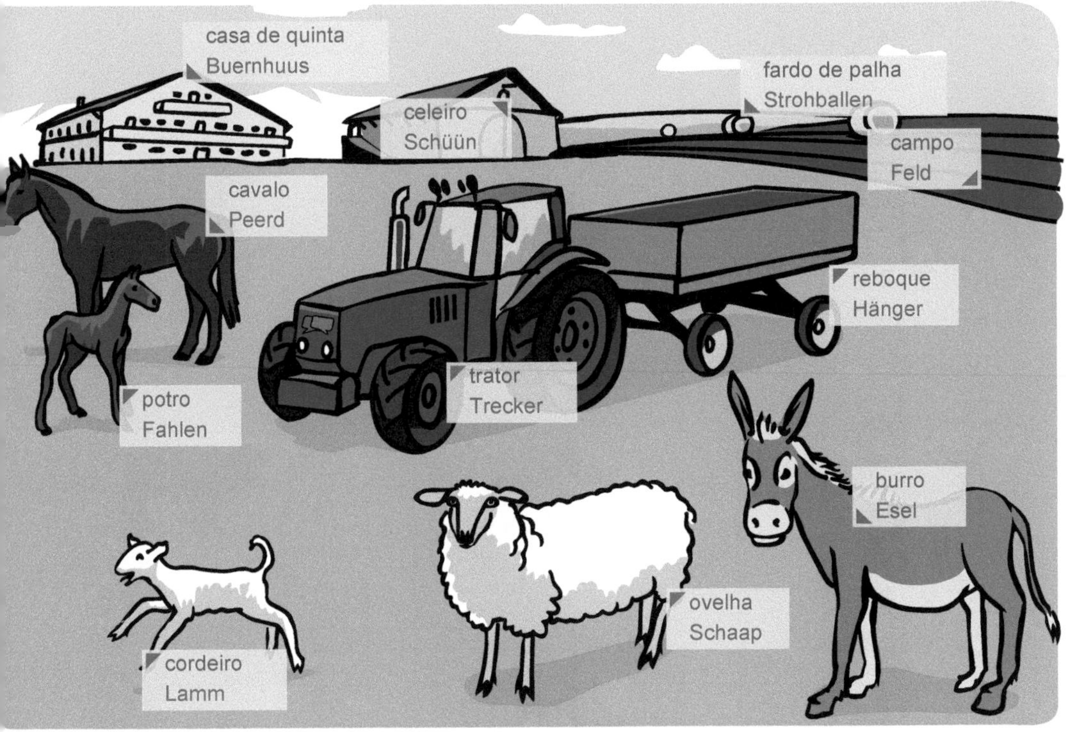
casa de quinta
Buernhuus
celeiro
Schüün
fardo de palha
Strohballen
campo
Feld
cavalo
Peerd
reboque
Hänger
potro
Fahlen
trator
Trecker
burro
Esel
ovelha
Schaap
cordeiro
Lamm

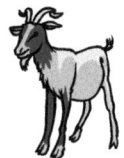

cabra

Zeeg

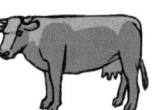

vaca

Koh

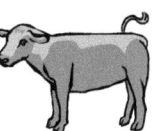

bezerro

Kalf

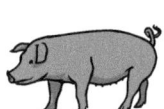

porco

Swien

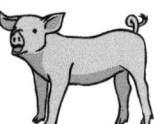

leitão

Farken

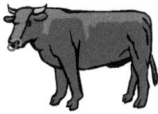

touro

Bull

ganso

Goos

pato

Aant

pintaínho

Küken

galinha

Hohn

galo

Hahn

ratazana

Rott

gato

Katt

rato

Muus

boi

Oss

cão

Hund

casota

Hunnenhütt

mangueira de jardim

Goornslauch

regador

Geetkann

foice

Lee

arado

Ploog

foice

Sich

enxada

Hack

forquilha

Mestfork

machado

Ext

carrinho de mão

Schuufkoor

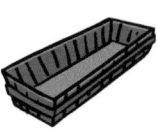

manjedoura

Trog

jarro de leite

Melkkann

saco

Sack

cerca

Tuun

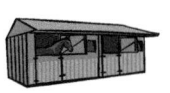

estábulo

Stall

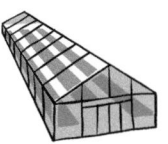

estufa

Drievhuus

solo

Bodden

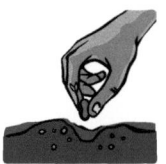

semente

Saat

fertilizante

Dünger

ceifeira-debulhadora

Meihdöscher

colher
oornen

colheita
Oorn

inhame
Yamswöttel

trigo
Weten

soja
Soja

batata
Kantüffel

milho
Törksche Weten

colza
Rapp

árvore de fruto
Aaftboom

mandioca
Troopsch Kantüffel

cereais
Koorn

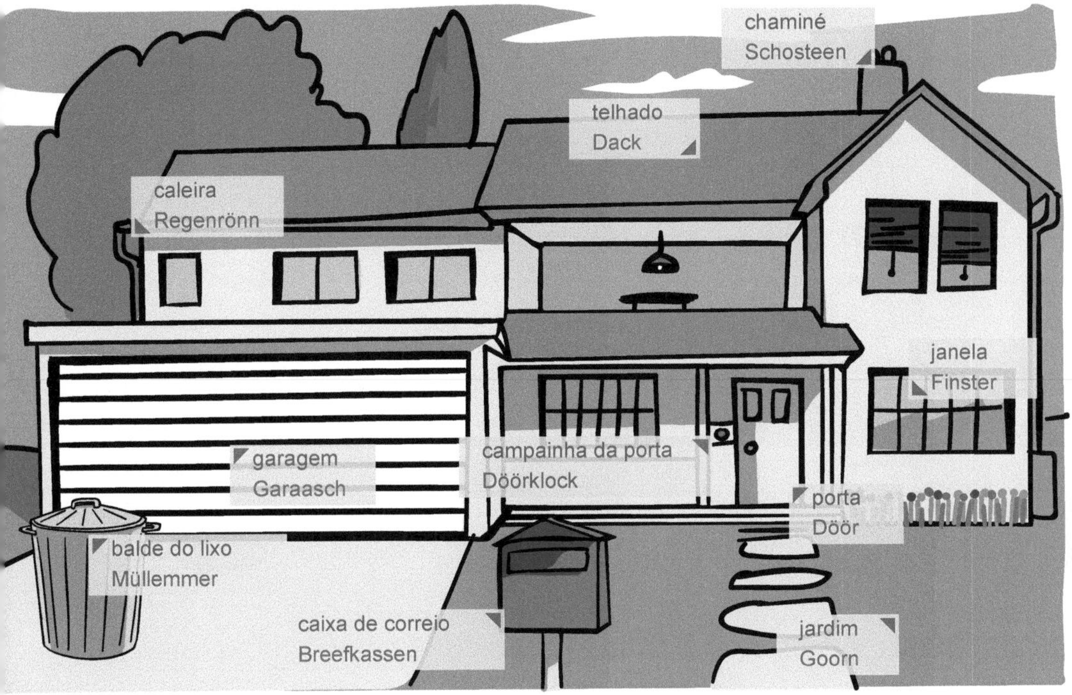

chaminé
Schosteen

telhado
Dack

caleira
Regenrönn

janela
Finster

garagem
Garaasch

campainha da porta
Döörklock

porta
Döör

balde do lixo
Müllemmer

caixa de correio
Breefkassen

jardim
Goorn

sala de estar

Wahnstuuv

casa de banho

Baadstuuv

cozinha

Köök

quarto de dormir

Slaapstuuv

quarto de criança

Kinnerstuuv

sala de jantar

Eetstuuv

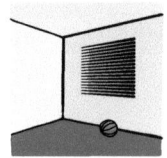

chão

Footbodden

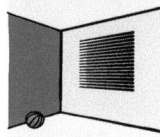

parede

Wand

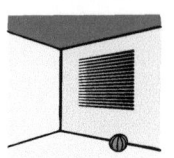

teto

Deek

cave

Keller

sauna

Hittluftbad

varanda

Balkon

terraço

Terrass

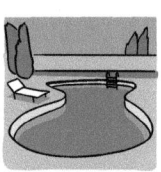

piscina

Swümmbad

máquina de cortar relvado

Rasenmeiher

lençol

Bettbetog

cobertor

Bettdeek

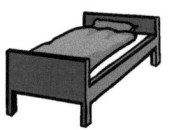

cama

Puuch

vassoura

Bessen

balde

Emmer

interruptor

Schalter

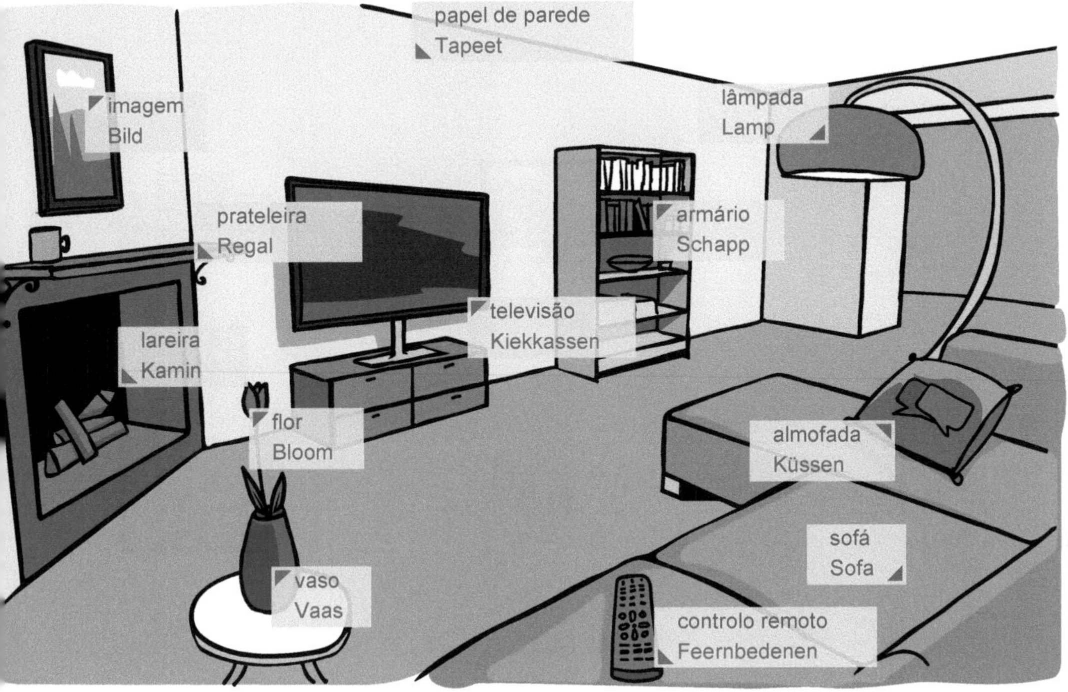

papel de parede
Tapeet

imagem
Bild

lâmpada
Lamp

prateleira
Regal

armário
Schapp

lareira
Kamin

televisão
Kiekkassen

flor
Bloom

almofada
Küssen

sofá
Sofa

vaso
Vaas

controlo remoto
Feernbedenen

tapete

Teppich

cortina

Vörhang

mesa

Disch

cadeira

Stohl

cadeira de baloiço

Schuckelstohl

poltrona

Sessel

livro

Book

cobertor

Deek

decoração

Dekoratschoon

lenha

Füerholt

filme

Film

sistema estéreo

Stereoanlaag

chave

Slötel

jornal

Narichtenblatt

pintura

Gemälde

póster

Poster

rádio

Radio

bloco de notas

Opschrievblock

aspirador

Huulbessen

cato

Kaktus

vela

Kars

cozinha
Köök

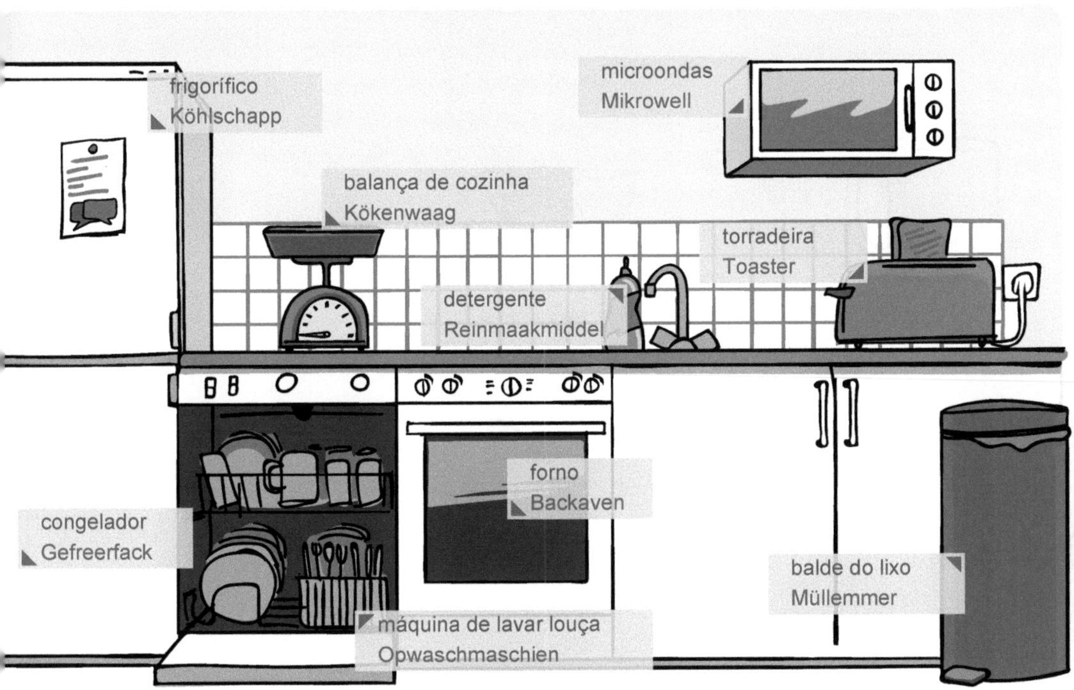

frigorífico
Köhlschapp
microondas
Mikrowell
balança de cozinha
Kökenwaag
torradeira
Toaster
detergente
Reinmaakmiddel
forno
Backaven
congelador
Gefreerfack
balde do lixo
Müllemmer
máquina de lavar louça
Opwaschmaschien

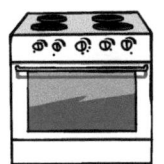

fogão
Heerd

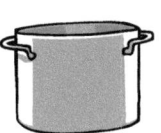

panela
Pott

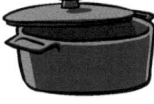

panela de ferro
Gussiesern Putt

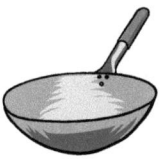

wok / kadai
Wok / Kadai

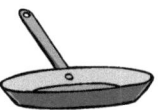

frigideira
Pann

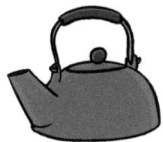

chaleira
Waterkaker

panela a vapor

Dampkaakputt

tabuleiro de forno

Backblick

louça

Geschirr

caneca

Beker

tigela

Schaal

pauzinhos

Eetsticken

concha de sopa

Suppenkell

espátula

Pannenwenner

batedor de claras

Sneebessen

escorredor

Kaakseef

peneira

Seef

ralador

Riev

almofariz

Mörser

churrasqueira

Grill

lareira

Füerstell

tábua de cortar

Sniedbrett

rolo da massa

Nudelholt

saca-rolhas

Proppentrecker

lata

Doos

abridor de latas

Dosenaapner

luvas de forno

Pottlappen

lava-loiça

Waschbecken

escova

Böst

esponja

Swamm

liquidificador

Mixer

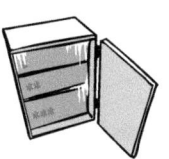

arca frigorífica

lesschapp

biberão

Nuckelbuddel

torneira

Waterhahn

casa de banho
Baadstuuv

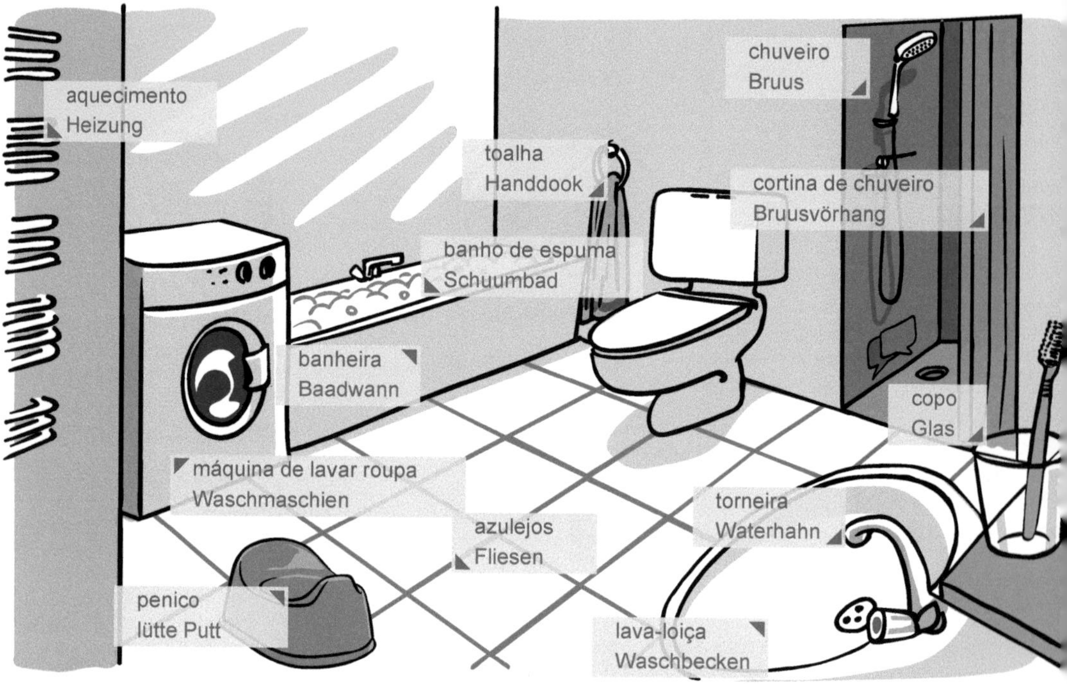

aquecimento
Heizung
chuveiro
Bruus
toalha
Handdook
cortina de chuveiro
Bruusvörhang
banho de espuma
Schuumbad
banheira
Baadwann
copo
Glas
máquina de lavar roupa
Waschmaschien
torneira
Waterhahn
azulejos
Fliesen
penico
lütte Putt
lava-loiça
Waschbecken

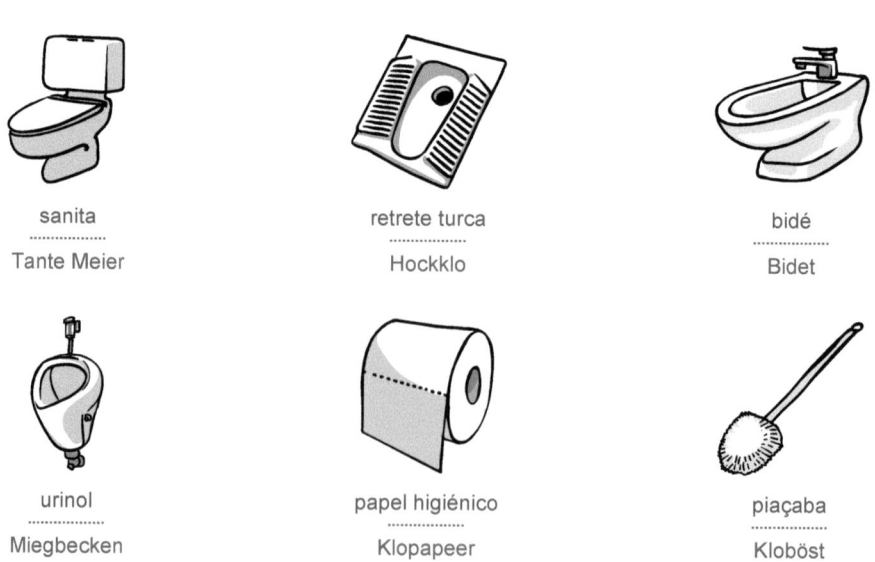

sanita

Tante Meier

retrete turca

Hockklo

bidé

Bidet

urinol

Miegbecken

papel higiénico

Klopapeer

piaçaba

Kloböst

escova de dentes

Tähnböst

pasta de dentes

Tähnpast

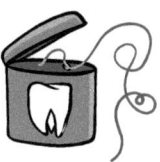

fio dentário

Tähnsied

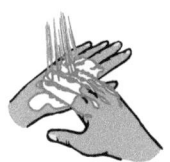

lavar

waschen

chuveiro de mão

Handbruus

duche íntimo

Intimbruus

bacia

Waschschöttel

escova para as costas

Rüchböst

sabonete

Seep

gel de banho

Bruusgeel

champô

Hoorwaschmiddel

toalha de rosto

Waschlappen

escoamento

Afloop

creme

Creme

desodorizante

Deodorant

espelho

Spegel

espelho de mão

Kosmetikspegel

máquina de barbear

Raserer

creme de barbear

Raseerschuum

loção pós-barba

Raseerwater

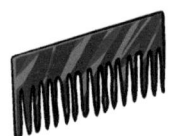

pente

Kamm

escova

Böst

secador de cabelo

Hoordröger

spray de cabelo

Hoorspray

maquilhagem

Smink

batom

Lippensticken

verniz de unhas

Nagellack

algodão

Watt

tesoura para unhas

Nagelscheer

perfume

Rüükwater

nécessaire

Kulturbüdel

tamborete

Schemel

balança

Waag

roupão de banho

Baadmantel

luvas de borracha

Gummihanschen

tampão

Tampon

penso higiénico

Damenbinn

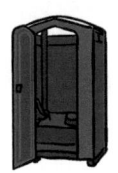

WC químico

Chemieklo

quarto de criança
Kinnerstuuv

despertador
Wecker
peluche
Knudeldeert
carro de brincar
Speeltüüchauto
chocalho
Klöter
casa de bonecas
Poppenhuus
presente
Geschenk

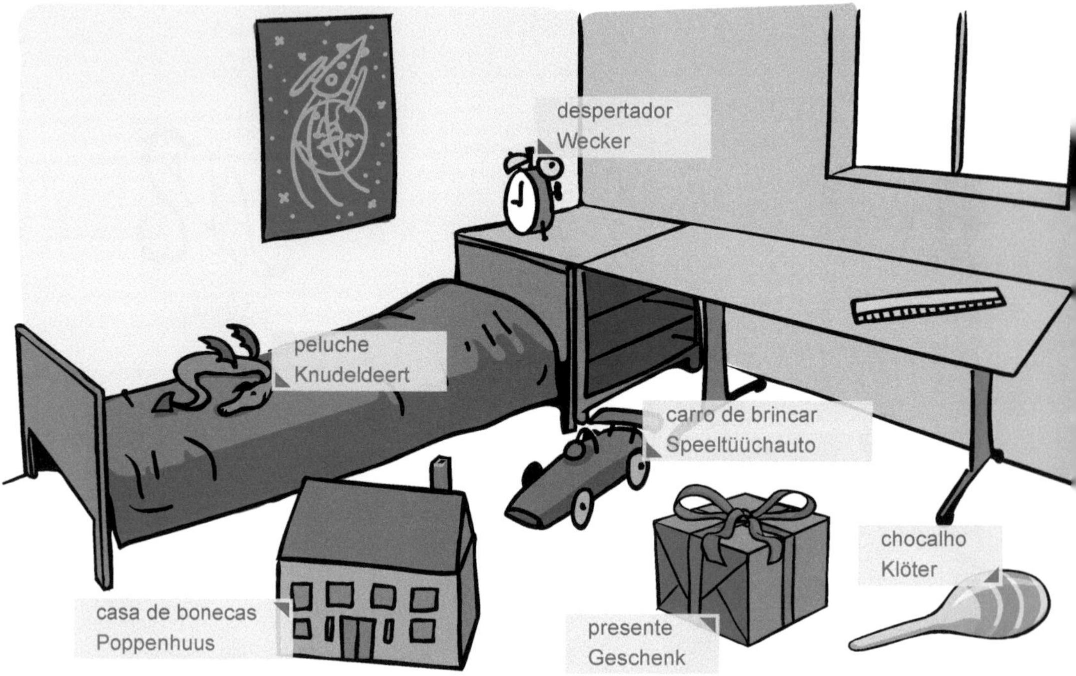

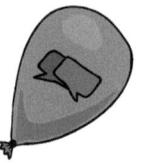

balão

Luftballon

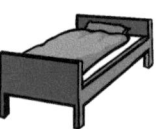

cama

Puuch

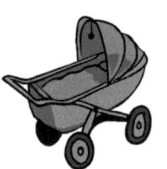

carrinho de bebé

Kinnerwagen

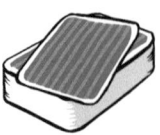

jogo de cartas

Koortenspeel

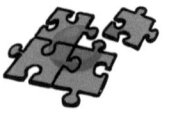

quebra-cabeças

Puzzle

SUPER MEGA

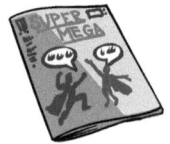

banda desenhada

Billergeschicht

peças de Lego
Legostenen

blocos de construção
Bustenen

figura de ação
Action-Figur

fato de bebé
Strampelantog

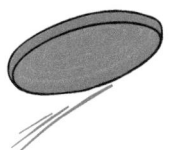

Frisbee
Frisbeeschiev

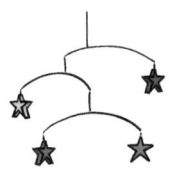

móbile para bebé
Mobile

jogo de tabuleiro
Brettspeel

dados
Wörpel

pista de comboio elétrico
Modelliesenbahn

chupeta
Snuller

festa
Party

livro ilustrado
Billerbook

bola
Ball

boneca
Popp

jogar
spelen

caixa de areia
Sandkassen

baloiço
Schuckel

brinquedos
Speeltüüch

consola de jogos
Speelkonsool

triciclo
Dreerad

ursinho de peluche
Teddyboor

guarda-roupa
Klederschapp

vestuário
Tüüch

meias
Socken

meias pelo joelho
Strümp

meias-calças
Strumpbüx

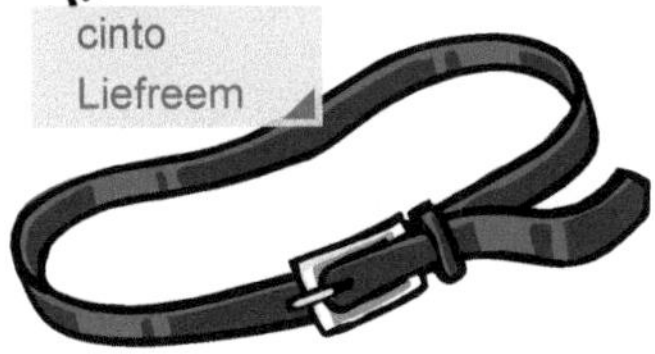

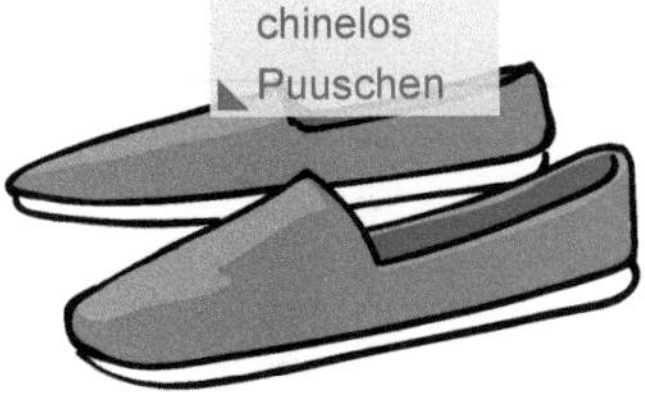

cachecol
Halsdook

guarda-chuva
Paraplü

cinto
Liefreem

t-shirt
T-Shirt

botas
Stevel

chinelos
Puuschen

sapatilhas
Turnschoh

sandálias
Sandalen

sapatos
Schoh

botas de borracha
Gummistevel

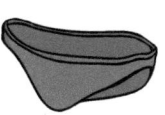

cuecas
Ünnerbüx

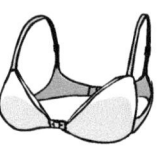

sutiã
Bostholler

camisola interior
Ünnerhemd

body
Lief

calças
Büx

calças de ganga
Jeansnüx

saia
Rock

blusa
Bluus

camisa
Hemd

pulôver
Pullover

camisola com capuz
Kapuzenpullover

blazer
Blazer

casaco
Jack

manto
Mantel

gabardina
Övertrecker

traje
Kostüm

vestido
Kleed

vestido de casamento
Hochtietskleed

fato

Antog

camisa de dormir

Nachtkleed

pijama

Slaapantog

sari

Sari

lenço de cabeça

Koppdook

turbante

Turban

burca

Burka

cafetã

Kaftan

abaya

Abaya

fato de banho

Baadantog

calções de banho

Baadbüx

calções

Korte Büx

fato de treino

Antog to'n Öven

avental

Schört

luvas

Handschoh

botão

Knopp

óculos

Brill

pulseira

Armband

colar

Halskeed

anel

Ring

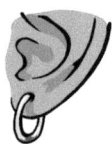

brinco

Ohrbummel

boné

Mütz

cabide

Klederbögel

chapéu

Hoot

gravata

Binner

fecho de correr

Rietslüter

capacete

Helm

suspensórios

Drachtband

uniforme escolar

Schooluniform

uniforme

Uniform

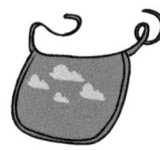

babete

Severböten

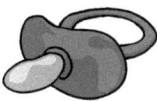

chupeta

Snuller

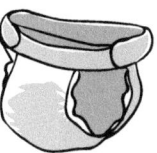

fralda

Winnel

escritório
Büro

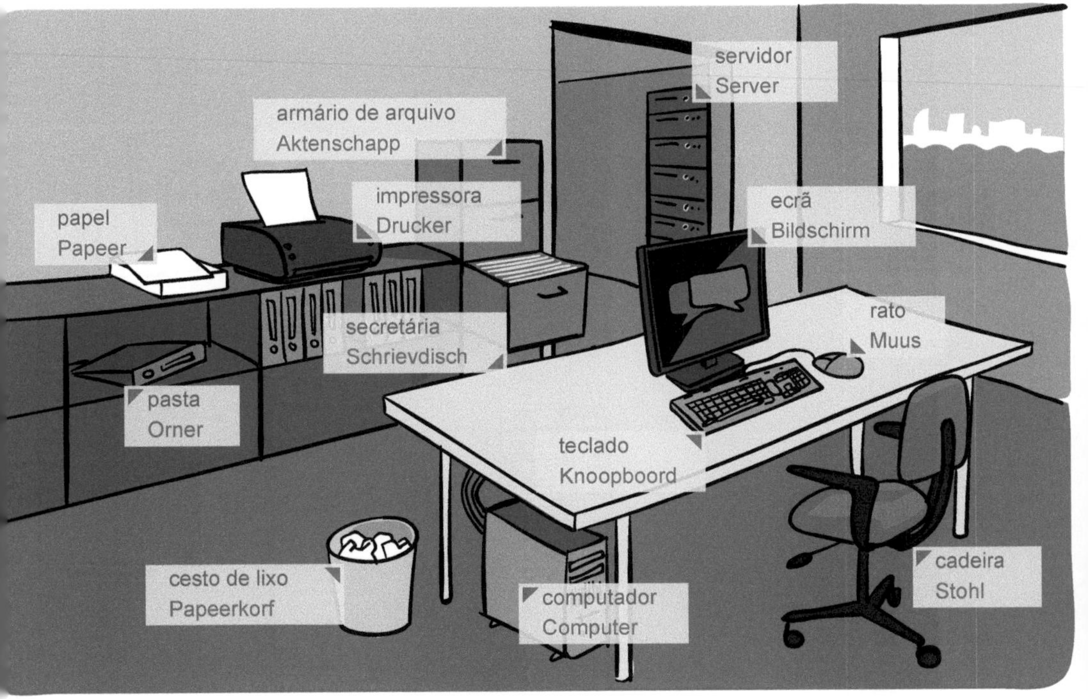
servidor
Server
armário de arquivo
Aktenschapp
impressora
Drucker
papel
Papeer
ecrã
Bildschirm
secretária
Schrievdisch
rato
Muus
pasta
Orner
teclado
Knoopboord
cesto de lixo
Papeerkorf
computador
Computer
cadeira
Stohl

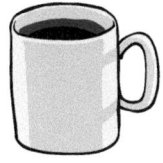

caneca de café

Koffiebeker

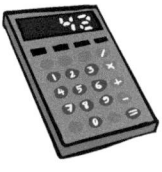

calculadora

Taschenreekner

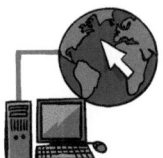

internet

Internet

computador portátil

Klappreekner

carta

Breef

mensagem

Naricht

telemóvel

Ackersnacker

rede

Nettwark

fotocopiadora

Kopeerapparat

software

Software

telefone

Klöönkassen

tomada elétrica

Steekdoos

fax

Faxapparat

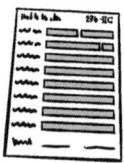

formulário

Formulor

documento

Dokument

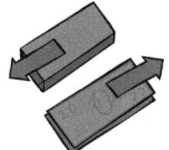

comprar

köpen

pagar

betahlen

negociar

hanneln

dinheiro

Geld

USD

dólar

Dollar

EUR

euro

Euro

JPY

yen

Yen

RUB

rublo

Ruvel

CHF

franco suíço

Swiezer Franken

CNY

renminbi yuan

Renminbi Yuan

INR

rupia

Rupie

caixa de multibanco

Geldautomat

casa de câmbio

Wesselstuuv

ouro

Gold

prata

Sülver

petróleo

Ööl

energia

Energie

preço

Pries

contrato

Verdrag

imposto

Stüer

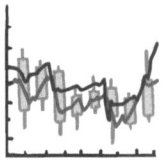

ação

Andeelschien

trabalhar

arbeiden

empregado

Anstellte

entidade patronal

Arbeitgever

fábrica

Fabrik

loja

Hökerie

profissões
Profeschonen

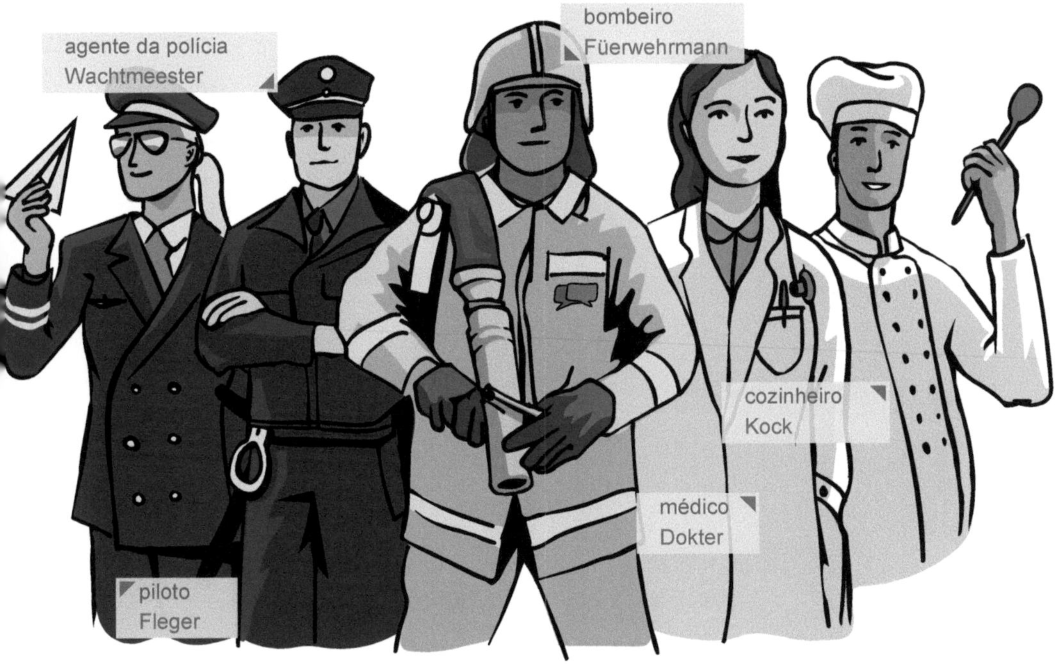
agente da polícia
Wachtmeester
bombeiro
Füerwehrmann
cozinheiro
Kock
médico
Dokter
piloto
Fleger

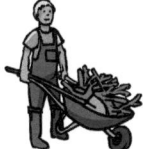

jardineiro

Goorner

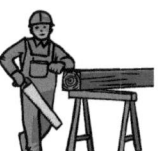

carpinteiro

Discher

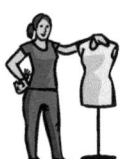

costureira

Neihersche

juiz

Richter

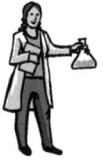

químico

Chemiker

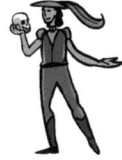

ator

Schauspeler

motorista de autocarro

Busfohrer

motorista de táxi

Taxifohrer

pescador

Fischer

empregada de limpeza

Reinmaakfru

telhador

Dackdecker

empregado de mesa

Kellner

caçador

Jäger

pintor

Maler

padeiro

Bäcker

eletricista

Elektriker

construtor

Buarbeider

engenheiro

Ingenieur

talhante

Slachter

canalizador

Klempner

carteiro

Postbüdel

soldado

Suldat

arquiteto

Architekt

caixa

Kasserer

florista

Florist

cabeleireiro

Putzbüdel

controlador de bilhetes

Schaffner

mecânico

Mechaniker

capitão

Kaptein

dentista

Tähndokter

cientista

Wetenschopler

rabino

Rabbi

imã

Imam

monge

Mönk

pastor

Paap

ferramentas
Warktüüch

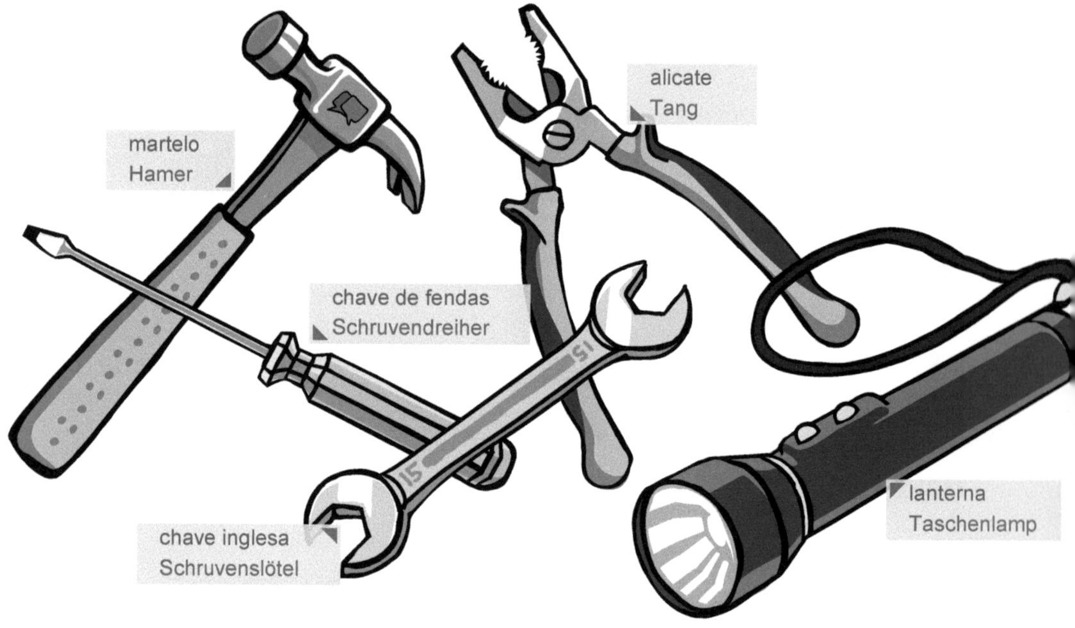

martelo
Hamer
alicate
Tang
chave de fendas
Schruvendreiher
chave inglesa
Schruvenslötel
lanterna
Taschenlamp

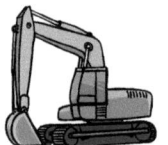

escavadora

Grieper

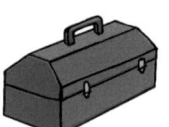

caixa de ferramentas

Warktüüchkassen

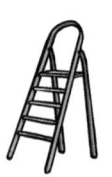

escadote

Ledder

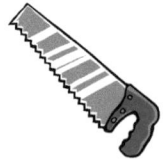

serra

Saag

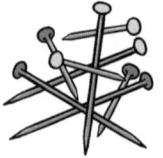

pregos

Nagels

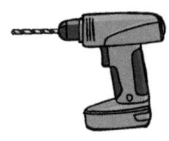

broca

Bohrer

reparar

heelmaken

pá

Schüffel

porcaria!

Schiet!

pá de lixo

Kehrblick

pote de tinta

Farvpott

parafusos

Schruven

instrumentos musicais
Musikinstrumenten

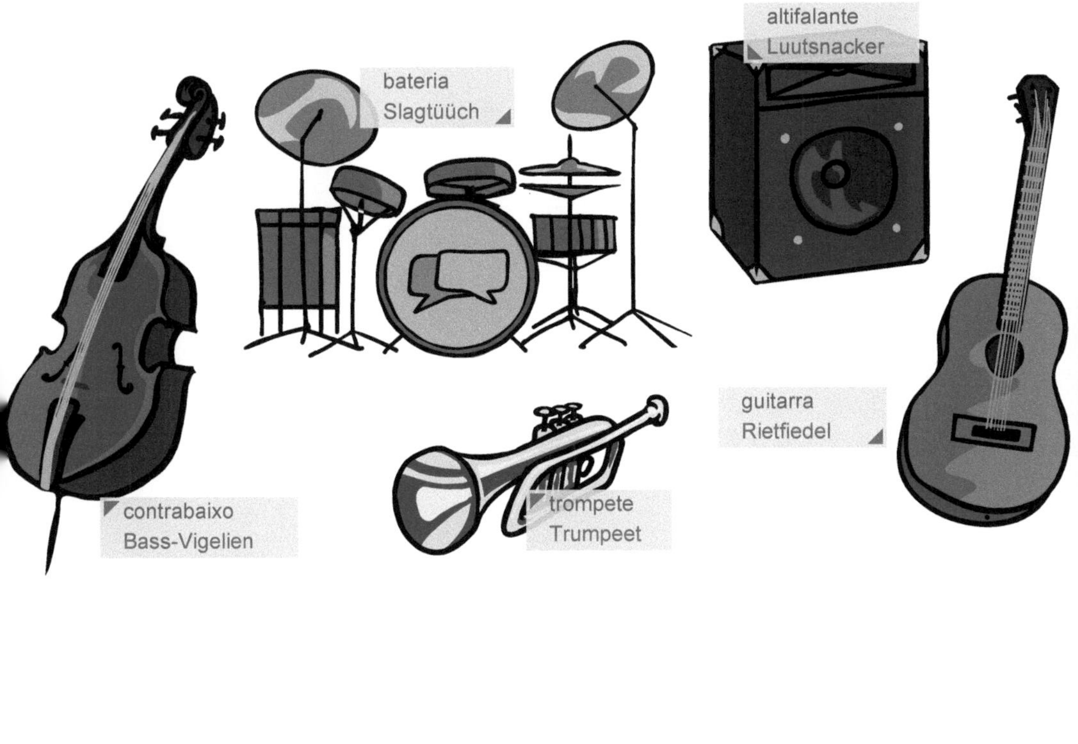

altifalante
Luutsnacker

bateria
Slagtüüch

guitarra
Rietfiedel

contrabaixo
Bass-Vigelien

trompete
Trumpeet

piano

Klaveer

violino

Vigelien

baixo

Bass

timbales

Pauk

tambor

Trummeln

teclado

Keyboard

saxofone

Saxophon

flauta

Fleut

microfone

Mikrofoon

jardim zoológico
Deertenpark

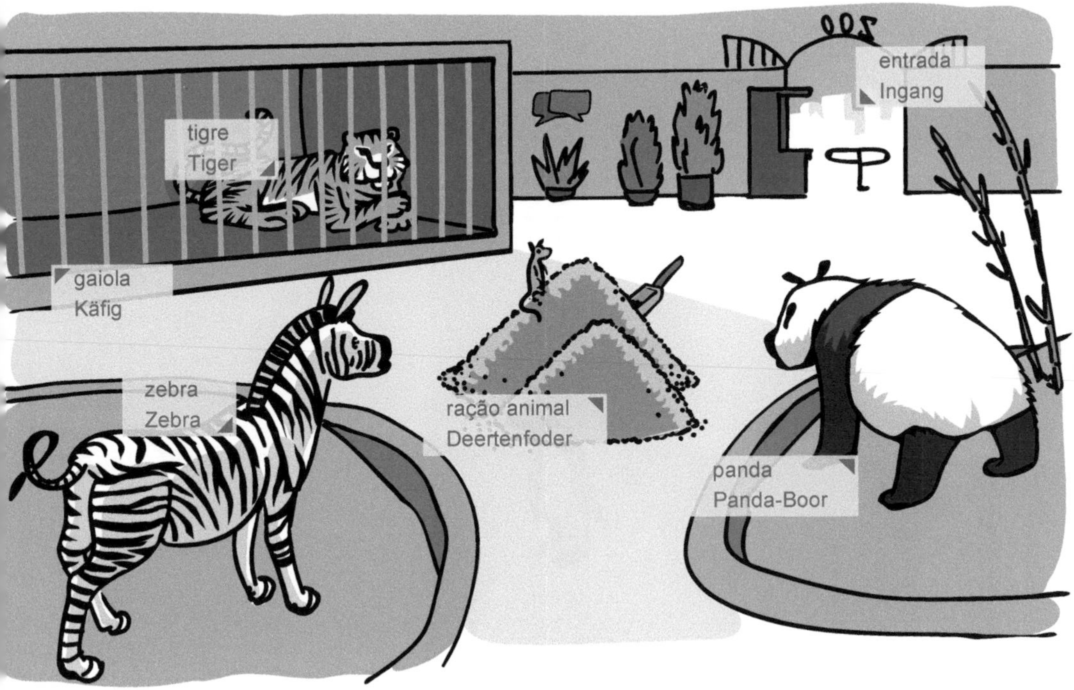

ZOO
entrada
Ingang
tigre
Tiger
gaiola
Käfig
zebra
Zebra
ração animal
Deertenfoder
panda
Panda-Boor

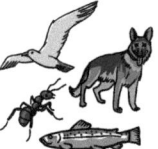

animais
Deerten

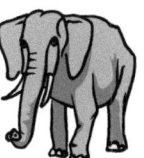

elefante
Elefant

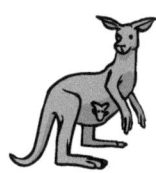

canguru
Känguru

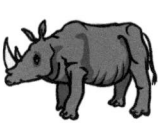

rinoceronte
Neeshoorn

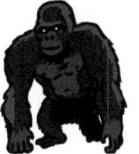

gorila
Gorilla

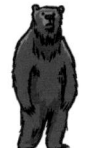

urso
Boor

camelo

Kameel

avestruz

Struuß

leão

Lööv

macaco

Aap

flamingo

Flamingo

papagaio

Papagoi

urso polar

lesboor

pinguim

Pinguin

tubarão

Haifisch

pavão

Pageluun

cobra

Slang

crocodilo

Krokodil

guarda do jardim zoológico

Oppasser in'n Deertenpark

foca

Saalhund

jaguar

Jaguor

pónei
Pony

leopardo
Leopard

hipopótamo
Nilpeerd

girafa
Giraff

águia
Aadler

javali
Wildswien

peixe
Fisch

tartaruga
Schildkrööt

morsa
Walross

raposa
Voss

gazela
Gazell

futebol americano
Amerikaansch Football

ciclismo
Radfohren

ténis
Tennis

basquetebol
Korfball

natação
Swümmen

boxe
Boxen

hóquei no gelo
Ieshockey

futebol
Football

badminton
Fedderball

atletismo
Leichtathletik

andebol
Handball

esqui
Skilopen

polo
Polo

atividades
Aktivitäten

rir
lachen
saltar
springen
abraçar
ümarmen
andar
gahn
cantar
singen
sonhar
drömen
rezar
beden
beijar
snuteln

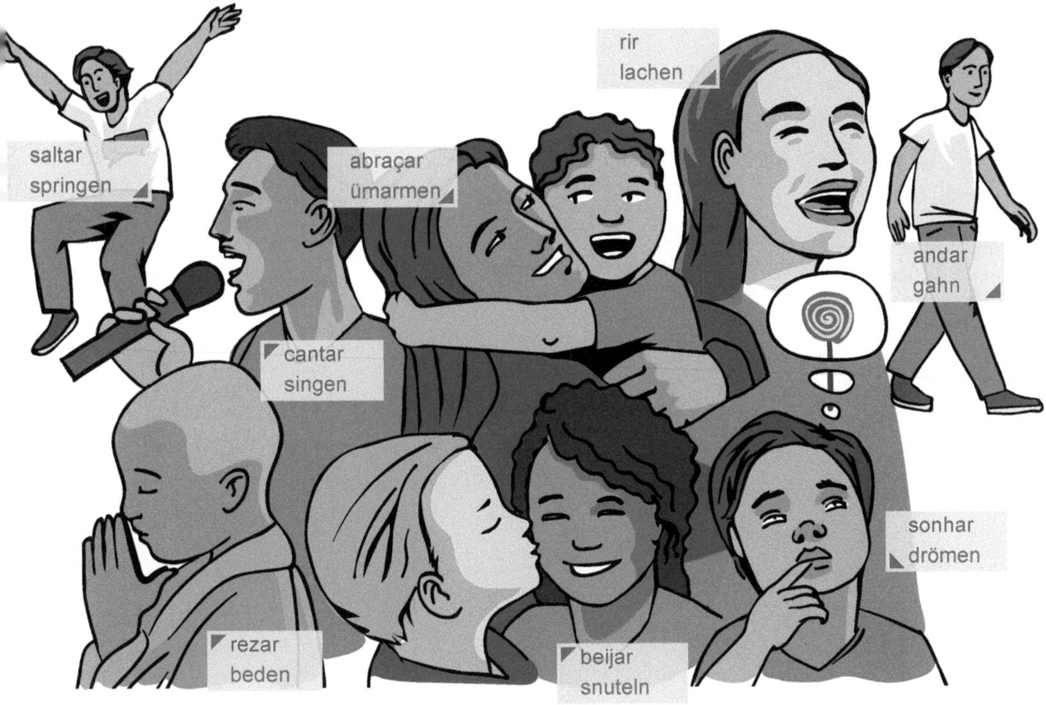

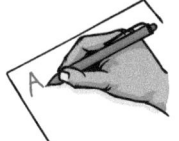

escrever

schrieven

desenhar

teken

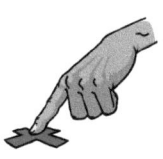

mostrar

wiesen

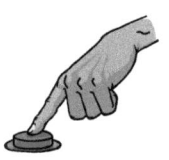

empurrar

drücken

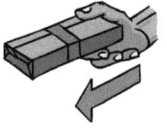

dar

geven

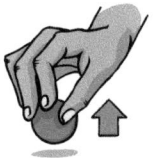

tomar

nehmen

ter

hebben

fazer

doon

ser

sien

ficar de pé

stahn

correr

lopen

puxar

trecken

remessar

smieten

cair

fallen

deitar

liggen

esperar

töven

carregar

dregen

sentar

sitten

vestir

antrecken

dormir

slapen

acordar

opwaken

olhar para
ankieken

chorar
wenen

acariciar
eien

pentear
kämmen

falar
snacken

compreender
verstahn

perguntar
fragen

ouvir
hören

beber
drinken

comer
eten

arrumar
oprümen

amar
leefhebben

cozinhar
kaken

conduzir
fohren

voar
flegen

velejar

segeln

calcular

reken

ler

lesen

aprender

lehren

trabalhar

arbeiden

casar

de Plünnen tohoopsmieten

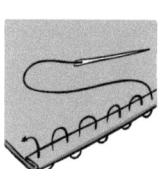

costurar

neihen

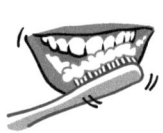

escovar os dentes

Tähnen putzen

matar

dootmaken

fumar

smöken

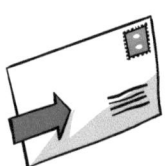

enviar

schicken

avó
Grootmoder

avô
Grootvadder

pai
Vadder

mãe
Moder

bebé
Winnelkind

filha
Dochter

filho
Söhn

convidado
Gast

tia
Tant

tio
Unkel

irmão
Broder

irmã
Süster

corpo
Lief

testa
Vörkopp
olho
Oog
ombro
Schuller
dedo
Finger
cara
Gesicht
queixo
Kinn
mão
Hand
perna
Been
peito
Bost
braço
Arm

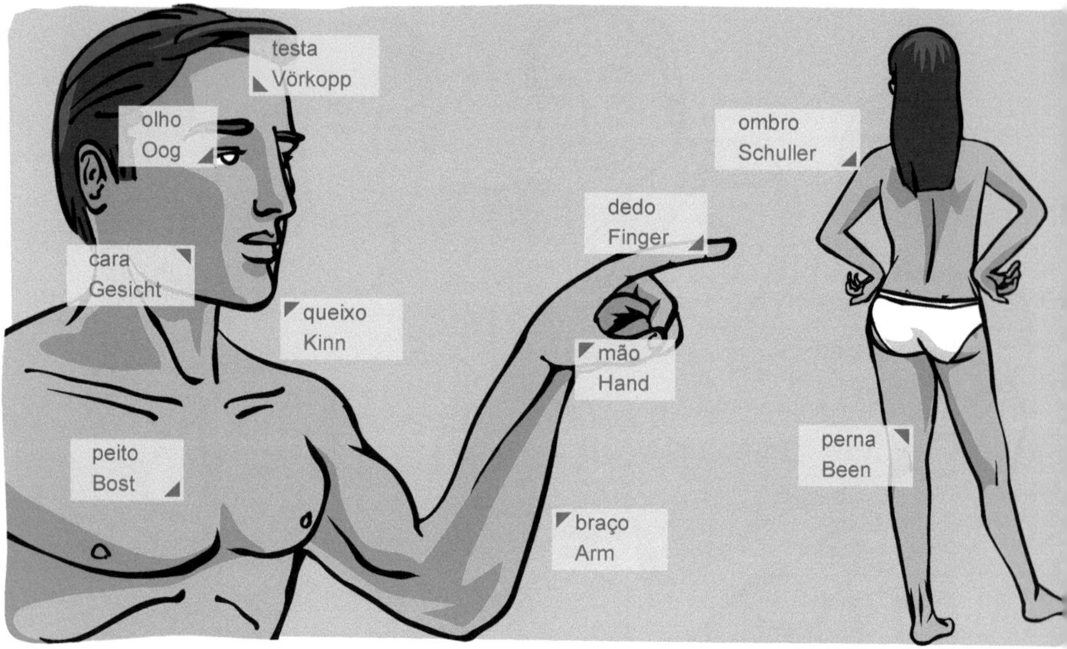

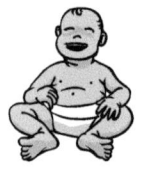

bebé

Winnelkind

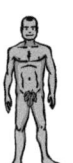

homem

Mann

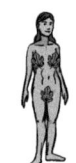

mulher

Fro

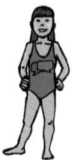

menina

Deern

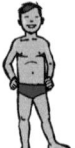

menino

Jung

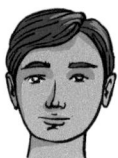

cabeça

Arm

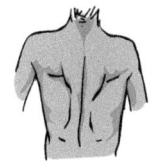

costas

Rüch

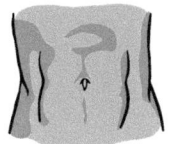

barriga

Buuk

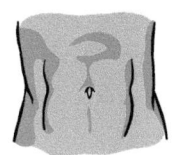

umbigo

Navel

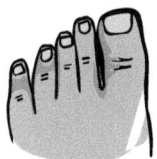

dedo do pé

Teh

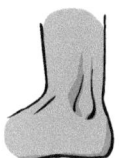

calcanhar

Hack

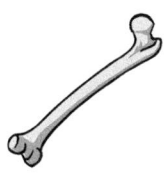

osso

Knaken

anca

Hüft

joelho

Knee

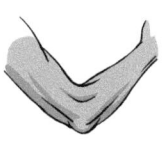

cotovelo

Ellbagen

nariz

Nees

nádegas

Achtersen

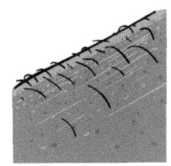

pele

Huut

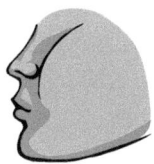

bochecha

Back

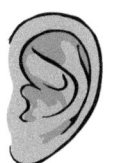

orelha

Ohr

lábio

Lipp

boca

Mund

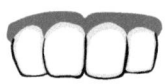

dente

Tähn

língua

Tung

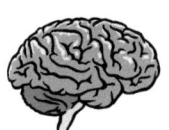

cérebro

Bregen

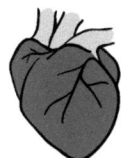

coração

Hart

músculo

Muskel

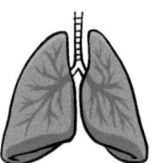

pulmão

Lung

fígado

Lever

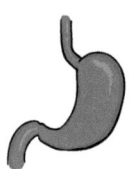

estômago

Maag

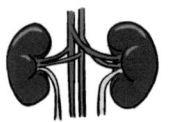

rins

Neren

relações sexuais

Bislaap

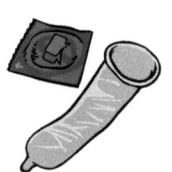

preservativo

Kondoom

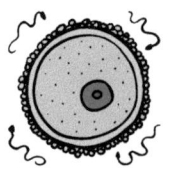

óvulo

Eizell

esperma

Sperma

gravidez

Anner Ümstänn

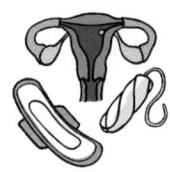

menstruação
....
Menstruatschoon

vagina
....
Scheed

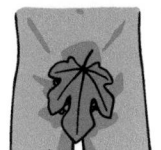

pénis
....
Pint

sobrancelha
....
Ogenbroe

cabelo
....
Hoor

pescoço
....
Hals

hospital
Krankenhuus

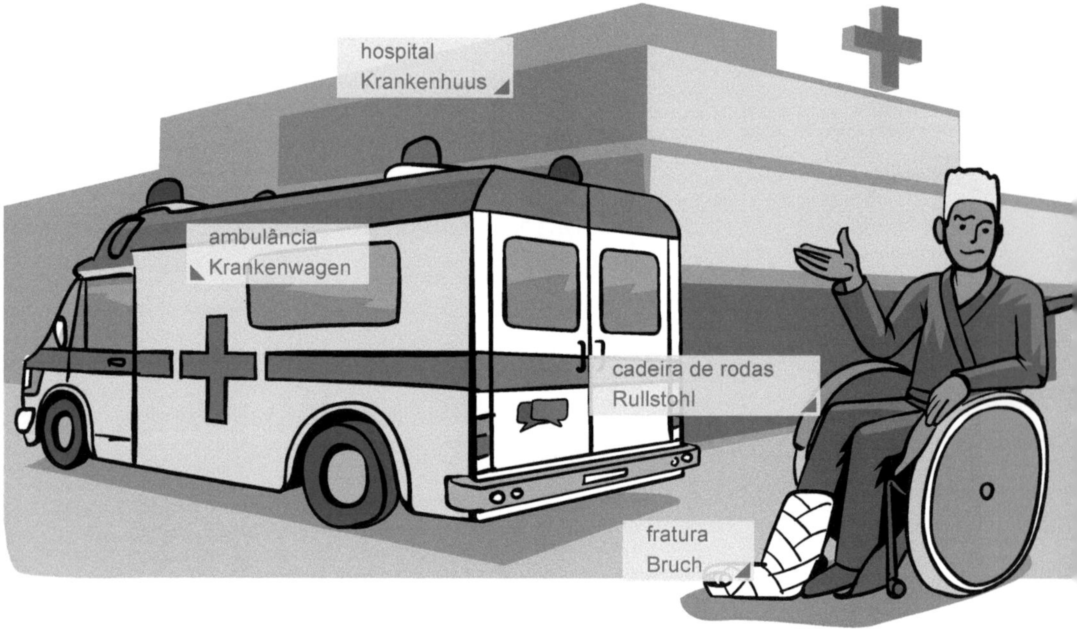

hospital
Krankenhuus
ambulância
Krankenwagen
cadeira de rodas
Rullstohl
fratura
Bruch

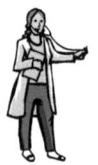

médico

Dokter

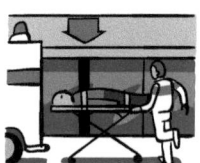

serviço de urgências

Nootopnahm

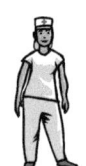

enfermeira

Krankensüster

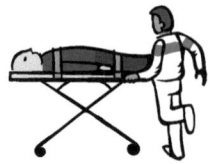

emergência

Nootfall

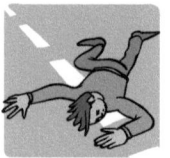

inconsciente

ahnmächtig

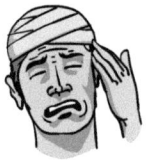

dor

Wehdaag

ferimento

Verwunnen

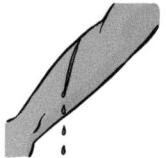

hemorragia

Blöden

ataque cardíaco

Hartinfarkt

acidente vascular cerebral

Slaganfall

alergia

Allergie

tosse

Hoosten

febre

Fever

gripe

Gripp

diarreia

Dörchfall

dor de cabeça

Koppwehdaag

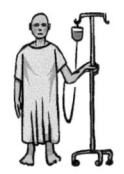

cancro

Kreeft

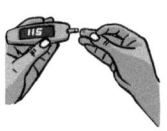

diabetes

Zuckersüük

cirurgião

Chirurg

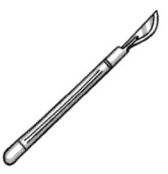

bisturi

Chirurgsch Mess

operação

Operatschoon

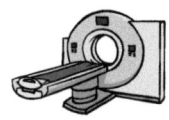

CT
CT

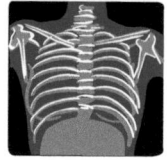

raio x
Dörchlüchten

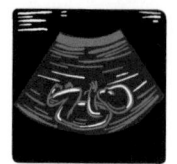

ultrassom
Ultraschall

máscara
Mask

doença
Krankheit

sala de espera
Töövruum

muleta
Krück

penso rápido
Plaaster

ligadura
Verband

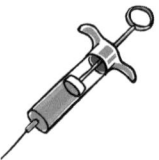

injeção
Insprütten

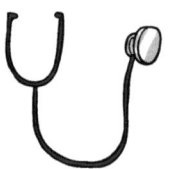

estetoscópio
Stethoskop

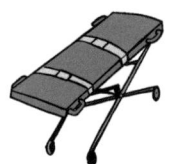

maca
Draag

termómetro
Feverthermometer

nascimento
Geboort

excesso de peso
Övergewicht

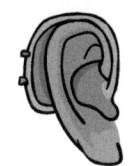

aparelho auditivo

Höörapparat

desinfetante

Kiemfriemiddel

infeção

Ansteken

vírus

Virus

HIV / SIDA

HIV / AIDS

medicamento

Heelmiddel

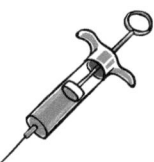

vacinação

Impen

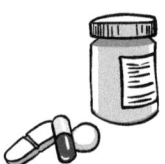

comprimidos

Tabletten

pílula

Pill

chamada de emergência

Nootroop

dispositivo de medição de pressão arterial

Blootdruck-Meter

doente / saudável

krank / gesund

Socorro!

Hölp!

alarme

Alarm

assalto

Överfall

ataque

Angreep

perigo

Gefohr

saída de emergência

Nootutgang

Fogo!

Füer!

extintor de incêndios

Füerlöscher

acidente

Unfall

estojo de primeiros socorros

Noothölpkoffer

SOS

SOS

polícia

Polizei

Europa

Europa

América do Norte

Noordamerika

América do Sul

Süüdamerika

África

Afrika

Ásia

Asien

Austrália

Australien

Atlântico

Atlantik

Pacífico

Pazifik

Oceano Índico

Indisch Weltmeer

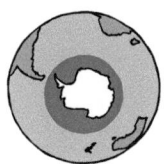

Oceano Antártico

Antarktisch Weltmeer

Oceano Ártico

Arktisch Weltmeer

Polo Norte

Noordpol

Polo Sul

Süüdpol

Antártica

Antarktis

terra

Eerd

país

Land

mar

See

ilha

Eiland

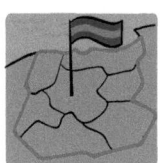

nação

Natschoon

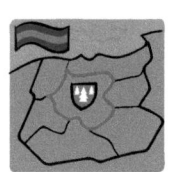

estado

Staat

mostrador do relógio

Tallenblatt

ponteiro das horas

Stunnenwieser

ponteiro dos minutos

Minutenwieser

ponteiro dos segundos

Sekunnenwieser

Que horas são?

Wo laat is dat?

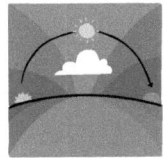

dia

Dag

tempo

Tiet

agora

nu

relógio digital

digetaalsch Klock

minuto

Minuut

hora

Stunn

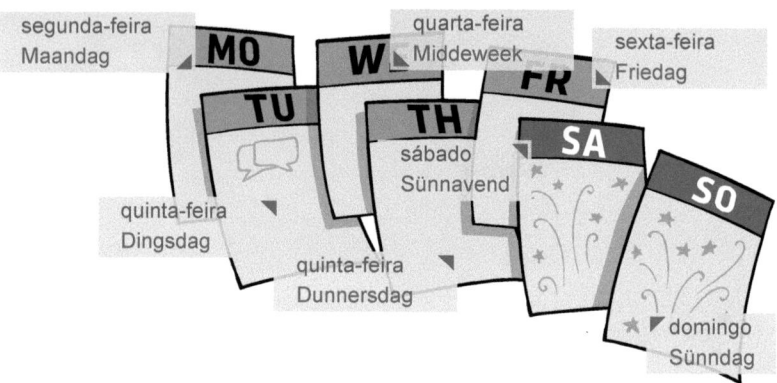

segunda-feira
Maandag

quarta-feira
Middeweek

sexta-feira
Friedag

sábado
Sünnavend

quinta-feira
Dingsdag

quinta-feira
Dunnersdag

domingo
Sünndag

ontem

güstern

hoje

hüüt

amanhã

morgen

manhã

Morgen

meio-dia

Meddag

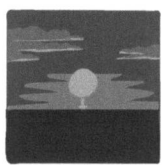

entardecer

Avend

dias úteis

Arbeitsdaag

fim de semana

Wekenenn

chuva
Regen

arco-íris
Regenbagen

neve
Snee

vento
Wind

primavera
Fröhjohr

outono
Harvst

verão
Sommer

inverno
Winter

4.APRIL	11°	☀
5.APRIL	4°	☁
6.APRIL	13°	☂
7.APRIL	8°	❄
8.APRIL	10°	☀

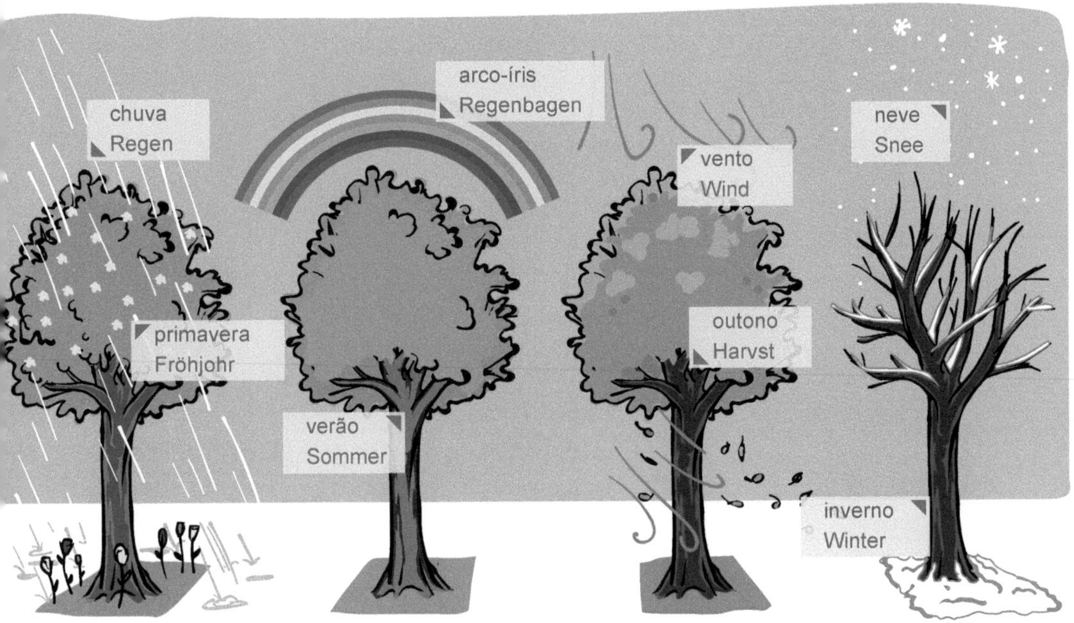

previsão do tempo

Wedervörhersaag

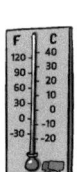

termómetro

Thermometer

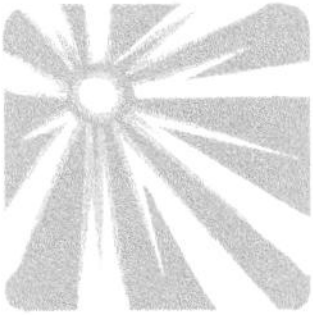

raios de sol

Sünnenschien

nuvem

Wulk

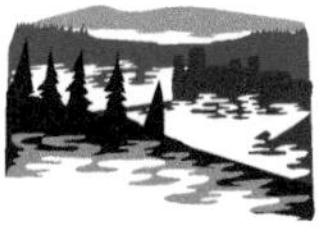

neblina / nevoeiro

Nevel

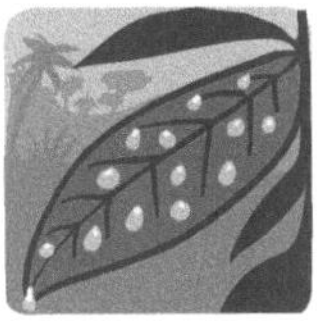

humidade do ar

Luftfuchtigkeit

relâmpago

Blitz

trovão

Dunner

tempestade

Storm

granizo

Hagel

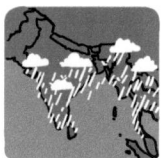

monção

Monsun

inundação

Floot

gelo

Ies

janeiro

Januormaand

fevereiro

Februormaand

março

Martmaand

abril

Aprilmaand

maio

Maimaand

junho

Junimaand

julho

Julimaand

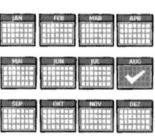

agosto

Augustmaand

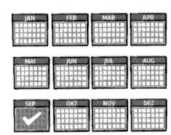

setembro
....
Septembermaand

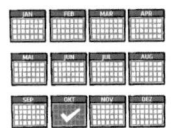

outubro
....
Oktobermaand

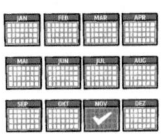

novembro
....
Novembermaand

dezembro
....
Dezembermaand

formas
Formen

círculo
....
Krink

quadrado
....
Quadrat

retângulo
....
Rechteck

triângulo
....
Dreeeck

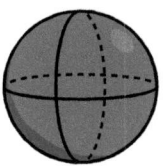

esfera
....
Kugel

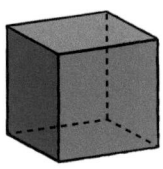

cubo
....
Wörpel

branco

witt

amarelo

geel

laranja

orangsch

rosa

pink

vermelho

root

lilás

lila

azul

blau

verde

gröön

castanho

bruun

cinzento

gries

preto

swart

muito / pouco

veel / wenig

furioso / calmo

böös / verdreeglich

lindo / feio

smuck / mies

princípio / fim

Begünn / Enn

grande / pequeno

groot / lütt

claro / escuro

hell / düüster

irmão / irmã

Broder / Süster

limpo / sujo

schier / schietig

completo / incompleto

kumpleet / nich kumpleet

dia / noite

Dag / Nacht

morto / vivo

doot / lebennig

largo / estreito

breet / small

comestível / não comestível

geneetbor / nich geneetbor

mau / gentil

böös / fründlich

entusiasmado / entediado

fickerig / langwielt

gordo / magro

dick / dünn

primeiro / último

toeerst / toletzt

amigo / inimigo

Fründ / Fiend

cheio / vazio

vull / leddig

duro / macio

hart / week

pesado / leve

swoor / licht

fome / sede

Smacht / Döst

doente / saudável

krank / gesund

ilegal / legal

nich na't Recht / na't Recht

inteligente / burro

klook / dummerhaftig

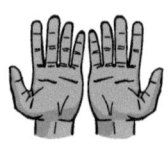

esquerda / direita

linkerhand / rechterhand

perto / longe

neeg / feern

novo / usado

nieg / bruukt

nada / algo

nix / wat

velho / jovem

oolt / jung

ligado / desligado

an / ut

aberto / fechado

apen / slaten

baixo / alto

lies / luut

rico / pobre

riek / arm

certo / errado

richtig / verkehrt

áspero / liso

ruug / glatt

triste / feliz

trurig / glücklich

curto / longo

kort / lang

lento / rápido

suutje / flink

molhado / seco

natt / dröög

ameno / fresco

warm / köhl

guerra / paz

Krieg / Freden

opostos - Gegendelen

0

zero

null

1

um

een

2

dois

twee

3

três

dree

4

quatro

veer

5

cinco

fief

6

seis

söss

7

sete

söven

8

oito

acht

9

nove

negen

10

dez

teihn

11

onze

ölven

12

doze

twölf

13

treze

dörteihn

14

catorze

veerteihn

15

quinze

föffteihn

16

dezasseis

sössteihn

17

dezassete

söventeihn

18

dezoito

achtteihn

19

dezanove

negenteihn

20

vinte

twintig

100

cem

hunnert

1.000

mil

dusend

1.000.000

milhão

million

inglês

Engelsch

inglês americano

Amerikaansch Engelsch

chinês mandarim

Chineesch Mandarin

hindi

Hindi

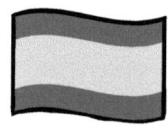

espanhol

Spaansch

francês

Franzöösch

árabe

Araabsch

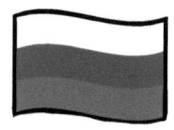

russo

Rusch

português

Portugiesch

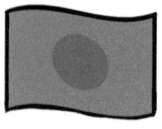

bengalês

Bengaalsch

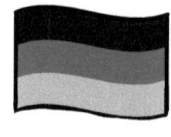

alemão

Düütsch

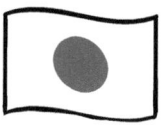

japonês

Japaansch

eu

ik

tu

du

ele / ela

he / se / dat

nós

wi

vós

ji

eles / elas

se

quem?

keen?

o quê?

wat?

como?

woans?

onde?

woneem?

quando?

wannehr?

nome

Naam

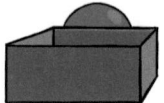

atrás

achter

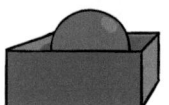

em

in

à frente de

vör

sobre

över

em cima

op

debaixo

ünner

ao lado

blangen

entre

twüschen

lugar

Oort